I0751289

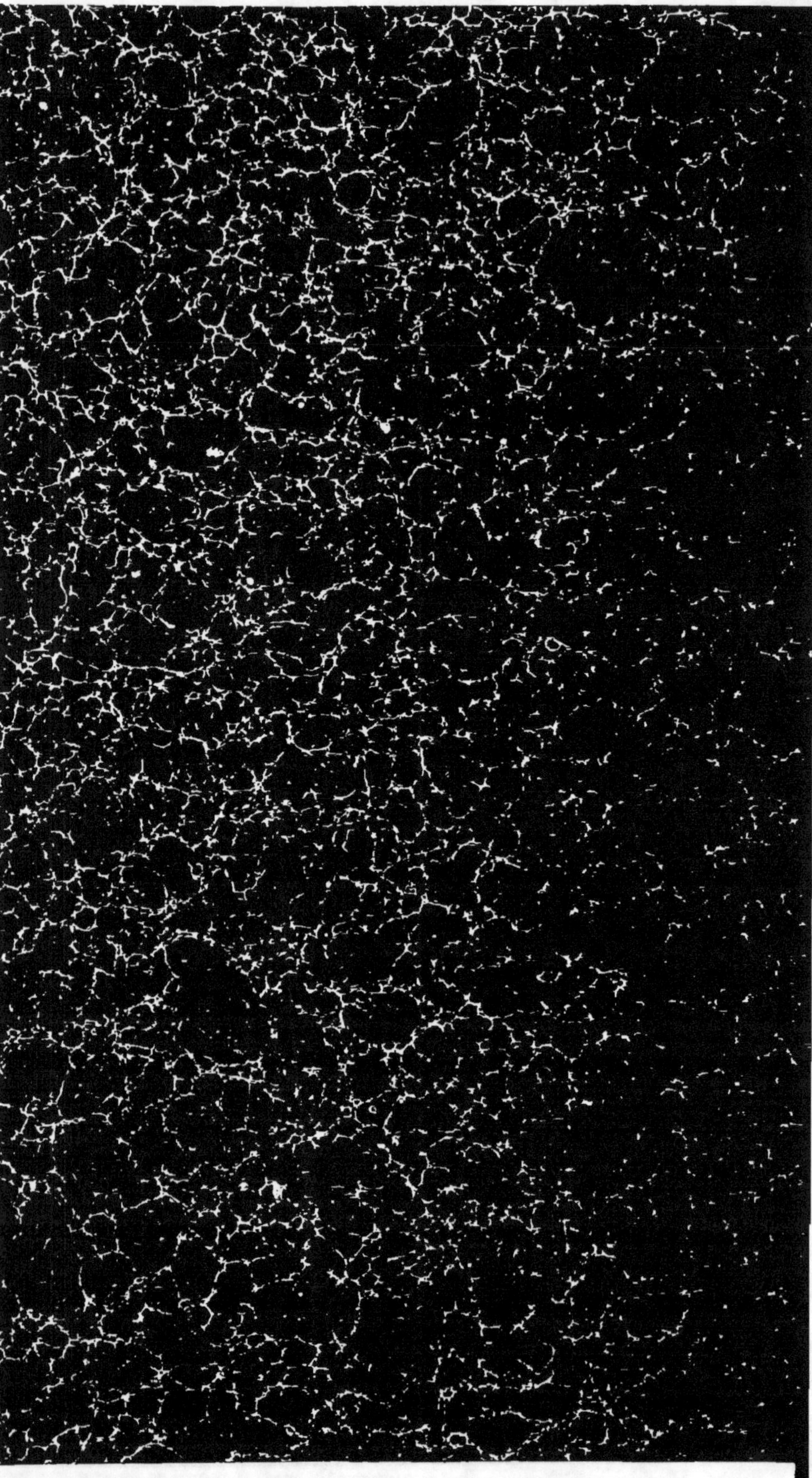

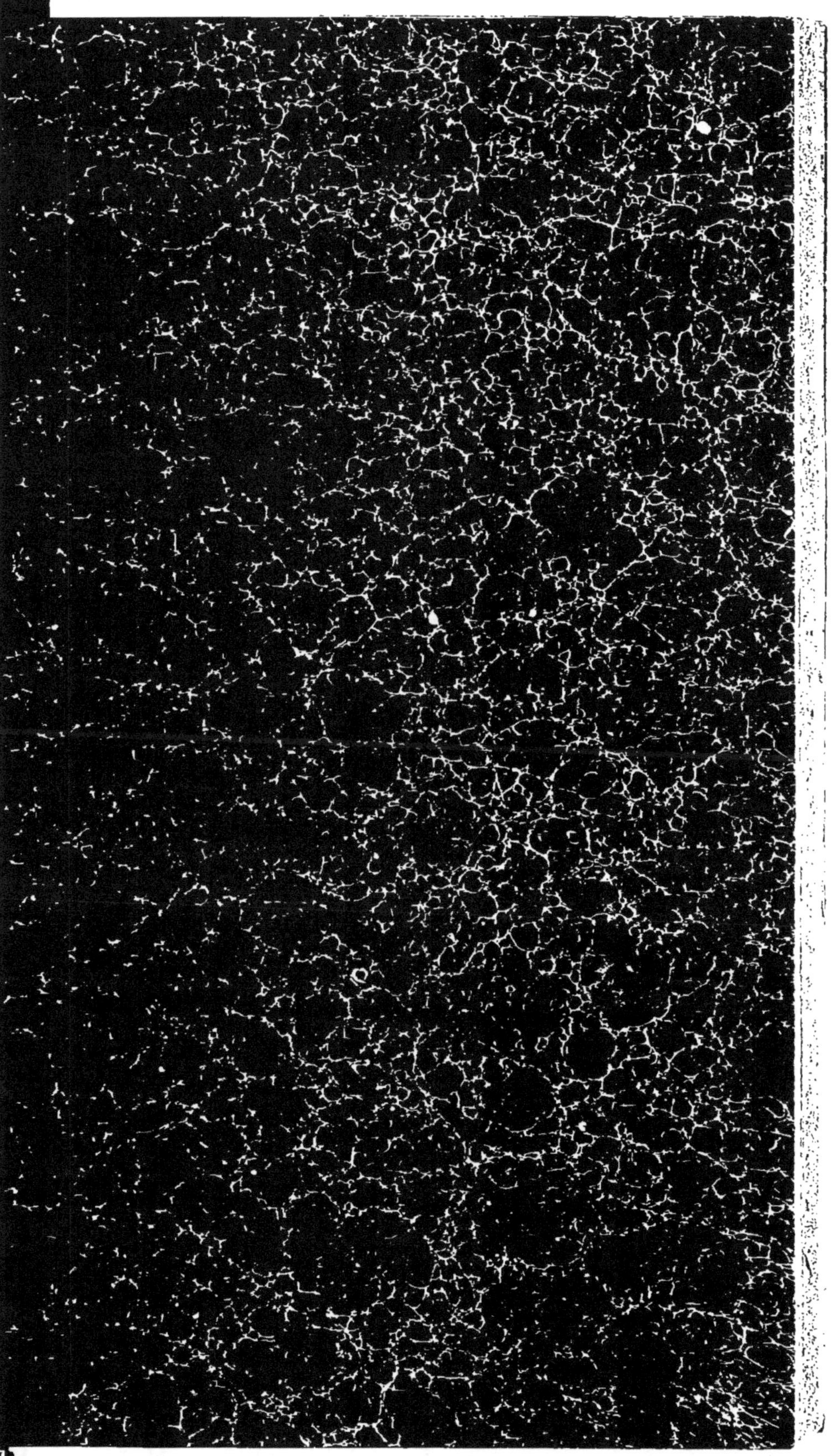

NOTICE HISTORIQUE

SUR LE

PALAIS DES BEAUX-ARTS.

EXPOSITION DES PROJETS OU PLANS

POUR LE TOMBEAU

DU GRAND NAPOLÉON.

Noms des Artistes admis au concours pour cet important objet. — Description des Tableaux qui sont dans l'intérieur de l'École.

PARIS.

CHEZ DERCHE, SUCCESSEUR DE GAUTHIER,
QUAI DU MARCHÉ-NEUF, 34.

—

1841.

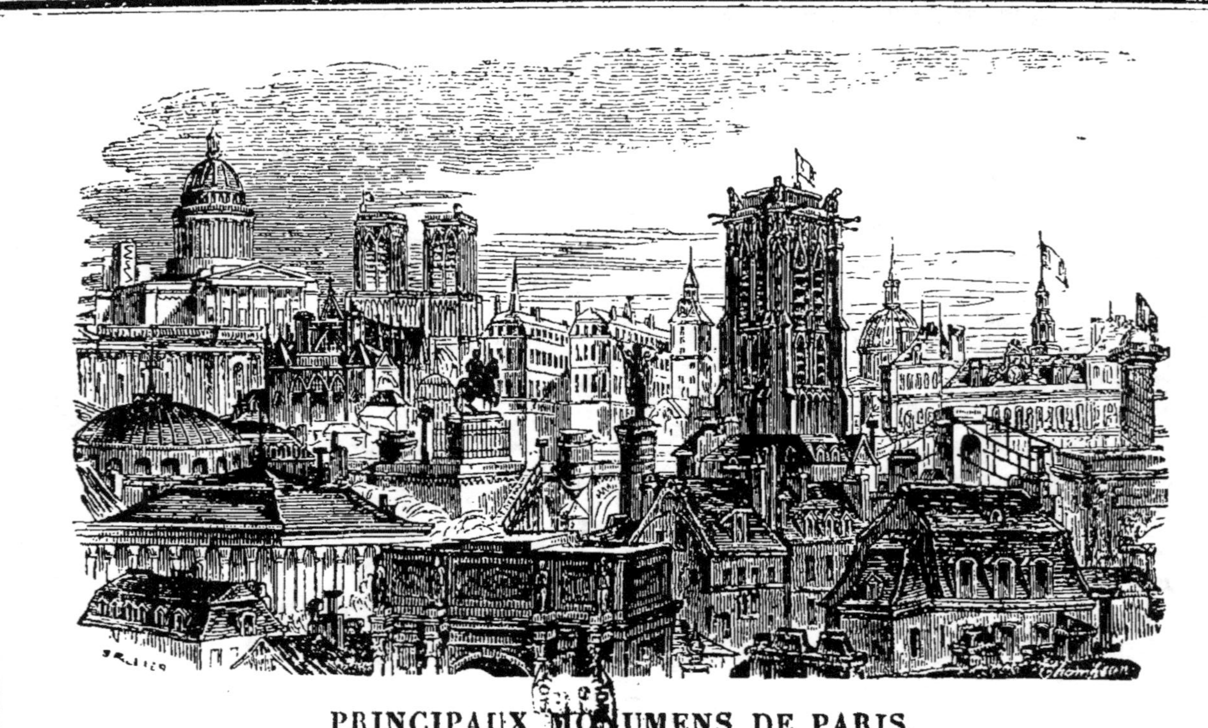

PRINCIPAUX MONUMENS DE PARIS.

NOTICE HISTORIQUE

SUR LE

PALAIS DES BEAUX-ARTS.

Quatre années ont suffi pour élever cet lifice, situé rue des Petits-Augustins. Il est une élégance admirable; on peut le comp- r parmi les plus étonnantes productions de rchitecture de notre époque, et qui établit brillamment la réputation de M. Duban. près la révolution de 1789, on a choisi le ouvent des Petits-Augustins pour réunir outes les richesses qui décoraient les monu- iens religieux, et on donna à l'édifice le om de *Musée des Monumens français*, qui it ouvert au public le 1er septembre 1795. lais, à proprement parler, ce ne fut qu'en 316 que l'École des Beaux-Arts fut établie. 'administration commanda des travaux sur 1 nouveau plan, et c'est sur ce plan que est élevé le majestueux monument que nous lmirons maintenant. Une vaste cour d'en- ée sert d'introduction aux diverses parties de l'Ecole ; de chaque côté de la principale grille sont placés deux bustes : à droite, celui de Nicolas Poussin, et à gauche, celui de Pierre Puget. Les murs sont décorés par de nombreux morceaux d'architecture gothique ; une colonne en marbre rouge est placée dans cette cour : elle est surmontée d'une statue tenant d'une main une corne d'abondance et de l'autre une couronne. Avant de pénétrer dans l'autre cour, on doit s'arrêter un moment devant une portion d'un monument qui a survécu à la destruction du Musée des Monumens français, nous voulons parler du château de Gaillon, construit par le cardinal d'Amboise, premier ministre de Louis XII.

La partie la plus importante est celle nommée l'*Arc de Gaillon*, qui sert de frontispice au palais, et qui fut transféré du château d'Anet, élevé pour Diane de Poitiers par les ordres de Henri II. Neuf colonnes doriques provenant aussi du même château, et retrouvées dans les caves de l'Ecole, servent à décorer un large portique qui donne entrée aux salles des cours et à celle des modèles. L'Ecole est divisée en deux sections : l'une, qui comprend la peinture et la sculpture, et l'autre l'architecture.

Dans la section de peinture et de sculpture, les études ont pour objet le dessin et le modèle d'après nature et d'après l'antique. Il y a, en outre, des cours d'anatomie, de perspective et d'histoire. En ce qui concerne l'architecture, les leçons consistent dans les cours ur la théorie et l'histoire de l'art, sur les principes de la construction, et sur les mathé-natiques appliquées à l'architecture. Les na-ionaux et étrangers âgés de moins de trente ins y sont admis. On voit que ce palais, dont a façade est ornée des portraits des maîtres célèbres, Poussin, Le Sueur, Philibert de Lorme et Jean Goujon, est vraiment un mo-nument élevé à la gloire de l'intelligence humaine, en quelque sorte un sanctuaire des beaux-arts.

Une loi approuvée par les Chambres a lécidé que les restes de Napoléon seraient léposés dans l'église des Invalides, et que par conséquent on érigerait un tombeau au grand capitaine. Depuis que les cendres du héros ont été provisoirement déposées à l'en-lroit où elles doivent reposer, on s'est déjà occupé de la disposition, de la forme et le l'apparence qu'il serait convenable de lonner à son tombeau, monument accessoire qui, par les idées qu'on y attache aujourd'hui, a le fâcheux inconvénient d'être devenu au noins aussi important que l'édifice et l'éta-blissement même de l'hôtel royal des Inva-ides.

Nous croyons à propos de rappeler ici l'objet particulier de la fondation de cet utile établissement, que Louis XIV fit con-truire, en 1671, en faveur des militaires pauvres, âgés et blessés; c'était, dans sa plus noble comme dans sa plus précise acception, un hôpital dont l'église devait servir tout à la fois aux vieux soldats qui l'habitaient et aux personnes de la ville. Cette explication double de l'église donne l'idée de son plan si singulier au premier coup d'œil.

Lorsque Napoléon releva les autels, et que l'on s'occupa d'effacer les sacriléges qui y avaient été commis, l'un des premiers soins que l'on eut, et nous croyons que c'est au Premier Consul qu'il faut en attribuer l'intention, fut de soustraire à la curiosité publique le corps du maréchal de Turenne, exposé dans un des pavillons du Jardin des Plantes, et il fut décidé qu'on le placerait dans l'église des Invalides.

— Parmi les projets exposés, on remarque celui de M. le duc de Bastard ; c'est un cénotaphe peu élevé, en bronze doré, entouré d'une balustrade en marbre.

Sous l'église, un sarcophage en granit, dans le caveau qui existe déjà, et dont la décoration est exprimée par les dessins et les ornemens, dans lequel le corps sera déposé ; puis un bloc rude, fort inaltérable, serait entouré d'une espèce de cage dorée, dont les ornemens et la richesse contrasteraient avec la sévérité du tombeau même.

L'attention publique se porte aussi sur la conception qu'a eue M. Labrouste : c'est une enceinte circulaire à hauteur d'appui, au milieu de laquelle se trouve l'orifice du caveau dans lequel serait déposé le corps. Cette ouverture est en partie fermée par un large bouclier.

Le tombeau, tel que l'a conçu M. Lassus, est du nombre de ceux qui, avec quelques modifications dans la grandeur, pourraient être placés latéralement sur un soubassement dont les quatre angles supportent des aigles, s'élève un socle taillé en biseau, qui supporte le sarcophage, surmonté d'un aigle étendant les ailes. Le projet de M. Garnaud est composé avec art et habileté. Le tombeau capable de satisfaire le plus, est celui de M. Félix Duban. Sur un soubassement dont l'entablement est supporté par des cariatides engagées, s'élève un socle sur lequel pose le sarcophage. Tout l'édifice serait plein, et un vide seulement serait consacré pour placer le corps, qui y resterait à jamais enfermé, quand la construction serait achevée. Cette disposition répond fort bien aux seuls mots d'ordre qui ont été donnés au lieu de programme : *Simplicité, grandeur*.

De tous les programmes ou ouvrages soumis au public, le plus populaire à coup sûr est celui du *Tombeau de Napoléon*. Si c'est une grande et noble idée d'avoir été chercher à l'autre bout du monde les cendres de ce grand homme, pour les faire reposer sur les bords de la Seine, cette idée, suivant nous, n'est pas complète encore. Il lui faut sa dernière consécration, celle de l'art, qui doit à cet illustre guerrier un monument. Quatre-vingt-un plans font partie de l'exposition. Nous parlerons d'abord de celui de M. Visconti. Dans ce projet, expliqué tout au long dans un programme, une statue équestre en bronze s'élève au milieu de la cour d'honneur des Invalides; une porte de bronze s'ouvre dans le soubassement, et conduit par une galerie longue de 88 mètres jusque sous le dôme. Cette galerie, pavée de marbre dans toute sa longueur, est divisée en trois sections : dans la première, des tables de bronze, placées dans des arcades, rappellent les fastes militaires de la République et de l'Empire; la deuxième, qui existe déjà, consacrée à la sépulture des gouverneurs des Invalides, doit être agrandie, et les tombeaux, de chaque côté, séparés par des candélabres de bronze; enfin la troisième section doit rappeler, à l'aide de bas-reliefs et de symboles, les fastes de l'Empire et les bienfaits du règne de Napoléon.

Après avoir traversé ce triple vestibule, consacré aux gloires de l'Empire, et cette avenue de tombeaux qui conduit dignement à une tombe plus auguste, on arrive enfin dans le crypte ouvert dans le dôme, et qui a la même circonférence, avec 7 mètres d'élévation. Au point central s'élève le tombeau de l'Empereur : un simple sarcophage en granit de Corse, composé de deux blocs, l'un pour recevoir le cercueil, l'autre pour le recouvrir. Ce sarcophage est posé sur un socle de même matière. Un seul mot en lettres d'or est inscrit sur le couvercle : *Napoléon*. Enfin la lumière du dôme tombe sur le tombeau par une large ouverture ayant toute l'étendue de la grande rosace, et entourée d'une balustrade en marore. Tel est le résumé du plan de M. Visconti, nspiration heureuse, qui du reste n'apparient pas à lui seul, car elle a été également rencontrée par l'auteur du plan n° 15, M. Isabelle, qui l'a complétée, en y ajoutant un monument destiné à s'élever sur le sol même de l'église.

Au nombre des projets les plus extraordinaires, on doit citer les n°s 17 et 14; mais le n° 42, exécuté en relief, bien que l'idée première soit une idée d'imitation, nous a paru mériter un examen, en ce qu'il rappelle la sépulture de Sainte-Hélène sous le dôme des Invalides. Au milieu d'une enceinte circulaire figurant le treillage de la *vallée des Géraniums*, se voit la simple pierre tumulaire de l'Empereur, en marbre noir, légèrement inclinée, et, dans le haut de la pierre, l'aigle impérial poussant des cris de douleur.

Le n° 9, exécuté en dessin seulement, représente le Globe du Monde servant de tombe à Napoléon; idée grande, gigantesque, et qui frappe fortement l'esprit du spectateur.

Le n° 3, dessin, présente au milieu d'un emmarchement circulaire et descendant, un immense bouclier, servant de couvercle au sépulcre impérial, et soulevé horizontalement par quatre aigles. Les n°s 6 et 57, en relief, par leur forme et par la richesse de leur multiplicité de détails, donnent peu l'idée du monument véritable.

Hâtons-nous d'arriver au n° 67; l'on peut dire que ce plan attire l'attention générale et celle des hommes spéciaux venus pour porter un premier jugement sur l'exposition. Ce projet, dû à un architecte né en Corse, M. de Ligny, et à un statuaire connu par de beaux ouvrages, M. Gayrard père, offre une architecture sage, simple et élégante, dans le goût du seizième siècle, et un travail de sculpture aussi remarquable par la composition que par l'exécution.

Un riche sarcophage, surmonté de la statue équestre de Napoléon, est entouré, au soubassement, de quatre belles figures représentant la Gloire, la Guerre, la Législation, la Religion. La Gloire tient des couronnes et porte en écharpe le grand cordon de la Légion-d'Honneur; la Guerre a les attributs de la victoire; la Religion tient le Concordat; la Législation tient le Code civil. Ce sont là les quatre plus grands titres du héros à l'immortalité.

Les bas-reliefs latéraux offrent Napoléon se couronnant lui-même à Notre-Dame, et le Roi recevant son cercueil aux Invalides, les deux plus grands traits de sa vie et de sa mort.

L'auteur du n° 52, persuadé que l'allégorie est insuffisante, et ne répond presque jamais aux grandes idées que l'on s'est proposées, a pensé que pour honorer dignement l'empereur Napoléon, il fallait donner à son œuvre un caractère de simplicité qui n'aurait de magnificence que la richesse des matières qu'il se propose d'employer. Sur un seul soc en granit reposerait une base en jaspe de Corse, entouré d'une guirlande de chêne, symbole de la force nationale, de l'union franche et solide qui devrait toujours exister chez tous les peuples; l'ensemble des départemens a pour objet d'indiquer que la France entière s'associe aux honneurs qui environnent la tombe du grand homme, l'homme immortel dont il sera toujours parlé. Sur cette base nationale s'élèverait un sarcophage en porphyre, renfermant le corps de l'Empereur, qui, selon nos rites religieux, aurait les pieds tournés vers l'autel. En donnant à son projet des faces régulières, l'auteur a voulu éviter l'inconvénient grave de présenter une face postérieure soit à l'autel, soit à la porte.

Le n° 53, qui est aussi susceptible de fixer l'attention, représente le tombeau de Napoléon. Ce modèle étant au dixième de l'exécution, l'aigle du couronnement s'élèverait à 20 centimètres au-dessus du sol : sous ce dôme, haut de 60 mètres, les quatre pans coupés correspondent au petit encadrement, de sorte que les soldats placés aux angles et en avant du monument, puissent le voir également de la chapelle. Aux quatre coins : 1° l'Infanterie, représentée par un grenadier; 2° l'Artillerie, par un canonnier; 3° la Cavalerie, par un chasseur; 4° le Génie, par un soldat de cette arme. Sur les boucliers qui garnissent les métopes, sont inscrits les noms des batailles commandées en chef par Napoléon, depuis Montenotte jusqu'à Montereau;

au-dessus du tombeau vient la partie historique, retracée en quatre bas-reliefs, commençant par Toulon, au milieu de l'Empire, le Sacre ; la fin devra être terminée par les Adieux de Fontainebleau ; la Gloire, portant son épée ; la Législation, ses décrets et ses codes ; la Puissance, son sceptre et sa couronne ; la Religion, le Concordat. Dans le fronton, dont les armes sont recouvertes par la Victoire et des Renommées, l'aigle enveloppe et couronne le sommet du monument. Ce projet, que l'on admire, est de M. Louis Laroche.

L'auteur du n° 55 a cru que tout devait être historique dans la composition de ce monument, et qu'il fallait que les figures qui serviraient à l'orner fussent des portraits indiquant les noms des personnages, afin d'associer ainsi à l'honneur que la France rend à Napoléon les hommes qui ont partagé ses travaux. Au soubassement, quatre bas-reliefs représentent les quatre principaux événémens du consulat et de l'empire : 1° le rétablissement du culte, 2° l'établissement de la Légion-d'Honneur, 3° la promulgation du Code civil, 4° le couronnement. Le reste des parois du soubassement est rempli par des figures de législateurs.

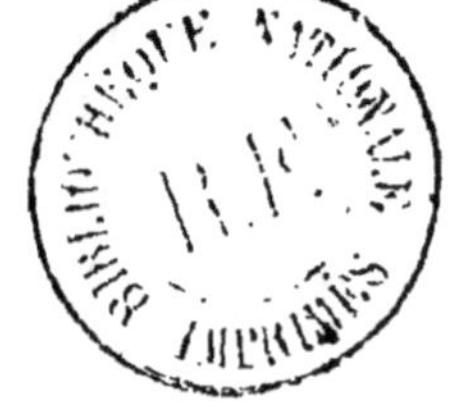

Paris. — Imp. Le Normant, r. de Seine, 8.

www.ingramcontent.com/pod-product-compliance
Lightning Source LLC
LaVergne TN
LVHW020635110826
845149LV00004B/1210

* 9 7 8 2 0 1 3 5 2 0 1 2 6 *